Konrad von Maurer

Die norwegischen Höldar

Konrad von Maurer

Die norwegischen Höldar

ISBN/EAN: 9783744644686

Hergestellt in Europa, USA, Kanada, Australien, Japan

Cover: Foto ©ninafisch / pixelio.de

Weitere Bücher finden Sie auf **www.hansebooks.com**

Aus den Sitzungsberichten der philos.-philol. und histor. Classe der k. bayer. Akad. der Wiss. 1889. Bd. II. Heft II.

Die norwegischen höldar.

Von K. Maurer.

München 1889.
Druck der Akademischen Buchdruckerei von F. Straub.

Philosophisch-philologische Classe.

Sitzung vom 2. November 1889.

Herr v. Maurer hielt einen Vortrag:

„Die norwegischen höldar."

Ueber keine andere Standesbezeichnung des altnordischen Rechtes wurden soviele verschiedene Ansichten aufgestellt, wie über die des höldr, und zwar ist es sowohl die Bedeutung des Standes als auch die Etymologie seines Namens, welche bestritten erscheint. Der älteste unter den mir bekannt gewordenen Schriftstellern, welche sich über das Wort geäussert haben, ist der isländische Bauer Björn Jónsson von Skardsá († 1655), welcher nach Hálfdan Einarsson[1]) im Jahre 1626 eine Erklärung der alten Rechtsterminologie zu Ende gebracht haben soll. Von einer Schrift desselben Verfassers über die Etymologie der isländischen Sprache, um deren Übersendung Ole Worm im Jahr 1635 den Bischof þorlákr Skúlason von Hólar bat, und welche nach einem Antwortschreiben dieses Bischofs aus dem folgenden Jahre von ihm abgeschickt worden, aber mit dem Schiffe unter-

---

1) Sciagraphia historiæ literariæ Islandicæ (1777), S. 10.

gegangen war,[1]) scheint jene Schrift geschieden werden zu
müssen; von drei dem Inhalte nach ähnlichen Werken, welche
die Arnamagnæanische Bibliothek aufbewahrt, ist aber das
weitaus verbreitetste dasjenige, welches den Titel trägt „Dimm
fámæli lögbókar Íslendinga og þeirra ráðning", und auf
dieses bezieht denn auch der neueste Biograph des Mannes,
Dr. Jón þorkelsson, die obige Jahrzahl.[2]) In einer mir gehörigen Hs. dieses Werkes knüpft der Verfasser unter der
Ueberschrift: „Landzleigub. 16—18." zunächst an die Worte
der Jónsbók, Landsleigub. 18: „ef í er ort jörðu bónda eðr hölds"
die Bemerkung an, dass einige Hss. des Gesetzbuches die
„höldsmanns kona" auch gelegentlich der Vorschriften über
die den Weibern gewährten Dispositionsbefugnisse erwähnen,
was freilich in den gedruckten Texten, Kaupab. 24, nicht
der Fall ist; dann aber giebt er, ohne eine Quelle anzuführen,
die Definition, dass ein höldr derjenige sei, der Stammgut
von Vater und Mutter geerbt habe, mit dem Beifügen, dass
ein solcher bestimmte Vorrechte in Bezug auf gefundene
Walfische habe, — er erwähnt ferner, dass die höldar dem
Landherrn zunächst stehen, und Bauern aus den besten Häusern und von vollem Rechte seien, und bemerkt schliesslich
auch, dass der höldr 3 M. Busse beziehe, die von ihm ab
um ein Drittel wachse. Es wird sich unten noch zeigen,
dass die erste Notiz aus den Landslög, Landsleigub. 64, die
zweite aus Skáldskaparm. 53/456, die dritte aber aus FrþL. X,
34 abgeschrieben ist. Ähnlich definirt der isländische Pfarrer
Magnús Ólafsson von Laufáss († 1636), dessen betref-
fendes Werk freilich erst nach seinem Tode von Ole Worm
herausgegeben wurde,[3]) den höldr unter Berufung auf das

---

1) Olai Wormii et ad eum epistolæ (1751), I, S. 103—4;
Hálfdan Einarsson, ang. O., S. 11, Anm. a.

2) þáttur af Birni Jónssyni á Skarðsá, im Tímarit hins
íslenzka bókmenntafjelags, VIII (1887), S. 76—77.

3) Specimen lexici runici (1650), S. 54.

gemeine Landrecht Norwegens als einen Mann „qui hære-
ditario jure possidet prædia, paterna et materna"; doch fügt
er bei: „Usurpatur sæpiuscule Höldur i bue, quod et denotat
viduum". Dagegen meint der dänische Jurist Christen
Osterssön Veylle in seinem „Glossarium juridicum Danico-
Norwegicum",[1]) es sei unter dem „Haulder-Mand" ein Mann
zu verstehen, der „odelsbaaren", d. h. zu Stammgut geboren,
oder noch besser sei; er sei etwas mehr als ein bäuerlicher
Grundeigenthümer, aber etwas weniger als ein richtiger
Adeliger, also ungefähr das, was man in Holstein und in
einigen Theilen von Jütland vordem einen Knappen genannt
habe. Doch will er Jedermann darüber seine Meinung lassen,
und fühlt sich somit seiner Sache nicht recht sicher; er be-
ruft sich sodann noch auf einige, unten zu besprechende
Stellen des norwegischen Gesetzbuches von 1604. In dem
Wörterbuche, welches der Isländer Gudmundr Andrèsson
(† 1654) verfasste, welches aber erst nach seinem Tode durch
P. J. Resen veröffentlicht wurde,[2]) findet sich dagegen nur
der Eintrag: „Hauldr, Vir cælebs, høllder i Bue, Vir Viduus,
høldar, poëticè Viri quilibet"; auf die Rechtssprache wird
somit hier gar keine Rücksicht genommen. Der Schwede
Olaf Verelius hingegen spricht sich zunächst unter Berufung auf mehrere Stellen des gemeinen norwegischen Landrechts dahin aus, dass unter den „hauldar" Bauern zu verstehen seien, welche auf dem alten Erbgute ihrer Väter
sitzen, verzeichnet aber sodann noch gesondert das Wort
„holldar", welches treue und verlässige Unterthanen und
Bauern bezeichnen soll, unter Berufung auf eine später noch
zu besprechende Stelle der Snorra-Edda, Skáldskaparmál,

---

1) S. 355—56 der 3. Ausgabe (1665) und gleichlautend in der
zweiten (1652), wogegen die erste (1641) nur das dänische Recht be-
handelt hatte, und demnach auch nur unter dem Titel „Glossarium
juridico-Danicum" erschienen war.

2) Lexicon islandicum (1683), S. 104.

65/530. [1]) Der isländische Geschichtsschreiber Þormóður Torfason (Torfæus) sagt gleichlautend in zwei verschiedenen Werken[2]): „est autem status hauldicus idem qui nobilitatis", indem er beifügt, dass dieser Stand ein Geburtsstand, und von jeder königlichen Ernennung unabhängig gewesen sei; er betont zugleich sehr entschieden dessen Begründung auf den Besitz von Stammgut und erklärt, der höldr sei „medius inter barones seu satrapas et rusticorum eos, qui bona soli, sed non gentilitia possident". Der isländische Lögmann Páll Vídalín († 1727) bezeichnet in seinen „Skyríngar yfir fornyrði Lögbókar þeirrar, ex Jónsbók kallast" den höld als „colonus odelicus, v. bonis avitis præditus"; [3]) dann aber giebt er die schon von Björn Jónsson herangezogene Definition der Lands-lög, und bemerkt, dass die Benennung von dem Zeitworte „halda" abzuleiten sei, indem der höldr Land in ererbtem Besitze halte. Der norwegische Jurist Hans Paus giebt das Wort in GÞL. 56, oder nach seiner Citirweise Ægteskabs Bolck, cap. 6, ebenfalls durch „Odelsbonde", „Odelsmand";[4]) aber er meint, unter Berufung auf Skaldskaparmál, 53/456, und Hyndluljóð, 16, es sei unter der Bezeichnung ungefähr dasselbe zu verstehen, was man jetzt mit einiger Veränderung Adel nenne. Er bemerkt ferner ganz richtig, dass wie in den alten GÞL., so auch noch in den Landslög des K. Magnús lagabœtir und dem norwegischen Gesetzbuche K. Christians IV. die Bezeichnung „haulder" laute, wogegen in K. Christians V.

---

1) **Index linguæ veteris Scytho-Scandicæ** (1691), S. 112, und 122.

2) **Orcades** (1697), S. 17; **Historia rerum norvegicarum** (1711), II, S. 50.

3) In der Ausgabe des Werkes (1854) fehlt zwar der Artikel; dagegen bringen ihn die Auszüge aus demselben, welche Þórarinn Sigvaldason Liliendal in den Rit þess Íslenzka Lærdóms-Lista Félags (1783), III, S. 238—39, gab.

4) **Samling af gamle norske Love** (1751), I, S. 71—73.

norwegischem Gesetzbuche „hvaldar" geschrieben stehe, doch
wohl, weil der Verfasser dieses letzteren das Wort vom Walfische ableiten zu sollen glaubte, auf welchen den höldar ein
besonderer Anspruch eingeräumt war; er selber will dasselbe
dagegen von „höll", d. h. Halle ableiten, sei es nun weil die
höldar Hofleute des Königs gewesen seien, oder auch weil
sie selbst stattliche Gebäude besessen und ihren eigenen Hof
gehalten hätten. Wenn er aber schliesslich noch sagt, dass
der höldr in der Jónsbók nicht vorkomme, vielmehr in deren
Kaupab. 24 der „riddari" an dessen Stelle getreten sei, so
wird sich unten noch zeigen, dass diese seine Angabe nur
theilweise richtig ist. Der schwedische Dichter und Geschichtsschreiber Olof von Dalin spricht die Behauptung
aus, [1] dass jeder vermögliche Hausvater, Odalsmann oder
Bauer, was ursprünglich Alles dasselbe gewesen sei, das will
sagen jeder angesessene Adelige, der ein Stück Land mit
dessen Bewohnern unter sich hatte, seine eigene Halle („Hall,
Hauld"), Hofhaltung oder seinen Herrensitz hatte, woran
ihm sein Haulds-Recht zustand, oder seine vollkommene
Freiung und Freiheit, über alle seine Hausdiener und Pächter,
freigelassene wie leibeigene, zu regieren und zu richten,
und sein Ódalgut in Sicherheit zu bewahren, ungestört und
frei von jeder Bürde, die er nicht selbst verwilligt habe.
Eine Anmerkung zu dieser Stelle fügt noch bei, dass dieses
Hauldsrecht, welches man jetzt Hals-rätten, d. h. Halsgerichts-
barkeit nenne, nichts Anderes sei als das spätere Adelsrecht
oder Frälsemanna-rätten! Zwei neue Gedanken treten in
dieser höchst abentheuerlichen Darstellung auf, die Zurück-
führung der Stellung des höldr auf ihm angeblich zustehende
Immunitätsrechte und die Anknüpfung seines Namens an die
Halle eines Herrenhofes; dürfte man annehmen, was ich zur
Zeit nicht festzustellen vermag, dass die im Jahre 1747 er-

---

[1] Svea rikes Historia, I, S. 209 (ed. 2; 1763).

schienene erste Ausgabe des betreffenden Bandes schon dieselben Sätze enthalten habe, wie die mir allein vorliegende
zweite Ausgabe, so läge die Vermuthung nahe, dass Hans
Paus seine wunderliche Etymologie von Dalin bezogen haben
möge. Der dänische Rechtshistoriker K o f o d A n c h e r weist
mit aller Entschiedenheit Dalin's Behauptung zurück, dass
dem höldr irgendwelche Jurisdictionsrechte zugestanden hätten,
indem er unter Berufung auf eine Reihe von Quellenstellen
ausführt, dass dieser nur ein vornehmer und reicher Óðals-
bauer gewesen sei;[1] bezüglich der Etymologie aber schliesst
er sich an Páll Vídalín an, während freilich die Heraus-
geber seiner gesammelten Schriften, also J. F. W. S c h l e g e l
und R. N y e r u p, in einer Anmerkung zu dieser Stelle vielmehr der Ableitung von „höll“, Hof, den Vorzug geben.[2]
T y g e R o t h e hinwiederum legte gerade auf die Steuerfrei-
heit und auf die financielle Immunität des höldr, den er im
Ubrigen als Óðalsmann bezeichnet, das entscheidende Gewicht,[3]
und kehrte somit wieder einigermassen zu Dalin's Auffassung
zurück. Inzwischen waren aber von zwei verschiedenen Seiten
her neue Ansichten aufgestellt worden. Einerseits nämlich
hatte G e r h a r d S c h ö n i n g schon in seiner norwegischen Geschichte,[4] und ungleich bestimmter noch in seiner Anmerkung
zur Heimskr. Haralds s. hárfagra, 27,[5] hervorgehoben, dass der
höldr von dem gewöhnlichen Óðalsbauern zu unterscheiden sei,
indem er nicht nur, wie dieser, auf freiem Alode gesessen
gewesen sei, sondern auf einem in ganz bestimmter Weise
vererbten Stammgute; er meint hiernach auch seinerseits in

---

1) D a n s k L o v h i s t o r i e (1776), II, S. 275—76.

2) P e d e r K o f o d A n c h e r s s a m l e d e j u r i d i s k e S k r i f t e r
(1809), II, S. 556, Anm. 8.

3) N o r d e n s S t a t s f o r f a t n i n g f ö r L e h n s t i d e n (1781), I,
S. 38—42.

4) N o r g e s H i s t o r i e (1773), II, S. 162, Anm. t.

5) H e i m s k r i n g l a (1777), I, S. 105, Anm.

den höldar eine Art von Adel erkennen zu sollen, welcher, durch mancherlei Vorrechte ausgezeichnet, zwischen den jarlar, hersar und lendirmenn auf der einen Seite und den gewöhnlichen Ódalsbauern auf der andern, in der Mitte gestanden sei. Andererseits wird in dem Glossare, welches Jón Eiríksson seiner Ausgabe der Gunnlaugs saga ormstungu beigab (1775), der höldr erklärt als: „vir (quasi halldandi, tenens)“, mit dem Beifügen: „in genere qvemlibet significat, qvi aliqvid tenet vel in potestate habet, qvo sensu curator minorennis vel absentis in Legibus antiqvis, halldsmadr, dicitur, et halld, tutela“; eine schon wiederholt erwähnte Stelle der Snorra-Edda will dabei darauf zurückgeführt werden, dass man zu derartigen Verrichtungen nur Leute von gutem Ruf und anerkannter Zahlungsfähigkeit, und darum zunächst nur Grundeigenthümer verwendet habe. Der Propst Björn Haldórsson († 1794) übersetzt in seinem Wörterbuche, welches im Jahre 1814 von R. Kr. Rask herausgegeben wurde, das Wort mit „dominus fundi aviti, vel allodialis“, ohne sich auf dessen Etymologie einzulassen. Dagegen meint Gudmundr Magnússon in seinem Glossare zum ersten Bande der Eddalieder,[1] s. v. havldar, es sei diess „hominum vocabulum poëticum“, wobei er indessen sofort beifügt, dass das Wort in der Zusammensetzung havldborinn „magis adstricta notione“ stehe; die bekannte Stelle der Snorra-Edda, welche die höldar für Bauern erklärt, erwähnt er, ohne sich über deren Sinn äussern zu wollen, und bezüglich der Etymologie bemerkt er, offenbar dem Glossare zur Gunnlaugssaga folgend, welches er auch anführt: „Forte Havldar proprie sint Tutores, protectores, ab at hylia“. Im Glossare zum zweiten Bande desselben Werkes bemerkt hinwiederum Finnr Magnússon,[2] dass das Wort havlldr, havldr oder

---

1) Edda Sæmundar hinns Fróda (1787), I, S. 546—47.

2) ebenda, II, S. 657 (1818).

höldr „vir; alias insignis colonus, i. e. proprium fundum
tenens" bedeute, und fügt bei: „unde proverbium havldr í
búi"; hinsichtlich der Etymologie aber entscheidet er sich
wieder für die Ableitung des Wortes von halda, tenere. Auch
der Geheimearchivar Grímr Jónsson Thorkelín definirt
im Glossare zu seiner Ausgabe der Landslög[1]) den hauldr als
„dominus prædii liberi et aviti", mit dem Beisatze „ab at
halda"; dagegen baut F. C. Dahlmann wieder auf der von
Schöning gelegten Grundlage fort, wunderlicher Weise ohne
von dessen Vorgange zu wissen, indem er die höldar als
einen rechten Ausbund der Ódalsbauern bezeichnet, welcher
sich vor den übrigen auf freiem Stammgute gesessenen Bauern
dadurch ausgezeichnet habe, dass ihm sein Stammgut auf
bestimmt vorgeschriebenem erbrechtlichem Wege zugefallen
sein musste.[2]) Der norwegische Historiker P. A. Munch
identificirte dafür die höldar wieder mit den Ódalsbesitzern
überhaupt, indem er zugleich als die charakteristischen Eigenschaften des ódals die volle Freiheit des Grundbesitzes und
dessen Stammgutsqualität hervorhob,[3]) und auch R. Keyser
bezeichnete in einem erst nach seinem Tode († 1864) herausgegebenen Werke[4]) den höldr als einen ódalbürtigen Mann,
oder als einen Mann, welcher ódal zu Eigen hatte, jedoch
mit dem beachtenswerthen Zusatze, dass das neuere Recht
die Bezeichnung etwas enger begrenzt zu haben scheine, als
das ältere. Auf die Etymologie des Wortes gehen beide nicht
ein. Fr. Brandt hatte sich bereits in einer früheren Schrift[5])
dahin ausgesprochen, dass der hauldr oder ódalsborinn maðr

---

1) Magnus konongs laga-bæters Gula-Things-Laug
(1817), Glossar, S. 59.

2) Geschichte von Dännemark (1841), II, S. 303.

3) Det norske Folks Historie, I, 1, S. 118—21 u. II, S. 967
u. 977—78 (1852 u. 1855).

4) Norges Stats- og Retsforfatning i Middelalderen
(1867), S. 295 u. 328.

5) Om Odels- og Aasædesretten (1850), S. 9—13.

den Angehörigen eines Geschlechtes bezeichne, welches sein
Land zu uneingeschränktem Rechte besitze, also den Grundeigenthümer im Gegensatze zum Pächter, und er leitet das
Wort von halda, d. h. zu Eigen haben, ab; nur secundär
habe sich die Stammgutseigenschaft dieses Gutes entwickelt,
als ein Mittel, die besitzenden Häuser im Genusse ihrer
Standesvorrechte zu erhalten. In einer Reihe späterer
Schriften [1]) wiederholt er im Grunde nur dieselben Anschau-
ungen. Ebenso versteht auch E. Hertzberg unter dem óðal
das im Gesammteigenthume einer einzelnen Familie befind-
liche freie Grundeigenthum und unter den óðalsmenn die Mitglieder einer solchen Familie, während der hauldr derjenige
Angehörige eines solchen Hauses sein soll, welcher kraft des
Óðalsrechtes den Besitz des Hauses thatsächlich ausübte. [2])
Auch E. Sars schliesst sich sachlich wesentlich den Aus-
führungen Fr. Brandt's an, während er bezüglich der Etymologie des Wortes auf einen unten noch zu erwähnenden
Aufsatz Konráð Gíslason's verweist; [3]) doch betont er den
aristokratischen Charakter des Standes der höldar noch ent-
schiedener, und polemisirt in diesem Sinne gegen W. E.
Wilda, welcher die höldar oder óðalsmenn zwar als Stammgutsbesitzer bezeichnet und von den geringeren Freien unter-
schieden, aber die Bedeutung einer Adelsclasse ihnen ausdrücklich abgesprochen hatte. [4]) Unter den neueren Lexiko-
graphen hinwiederum giebt Sveinbjörn Egilsson († 1852)

---

1) Den norske Odelsret (1863), S. 3—5; Tingsretten, ed. 1
(1867), S. 265—67, und ed. 2 (1878), S. 260—61; kürzer in den Brud-
stykker af Forelæsninger over den norske Retshistorie
(1864), S. 2 u. 3, dann 36—37 (1868) und in den Forelæsninger
over den norske Retshistorie, I, S. 78 u. 79, dann 161 (1880).

2) En fremstilling af det norske aristokratis historie
(1869), S. 2—3.

3) Udsigt over den norske Historie, I, S. 124—31 (ed.
1, 1873), oder S. 147—55 (ed. 2, 1877).

4) Strafrecht der Germanen (1842), S. 343, Anm.

in dem nach seinem Tode herausgegebenen Wörterbuche der
dichterischen Sprache für höldr die Bedeutung „colonus liber,
proprii fundi possessor",[1] und knüpft etymologisch an das
Zeitwort „halda, tenere" an, im Ubrigen auf eine Reihe ein-
zelner Belegstellen eingehend; Eiríkr Jónsson übersetzt,
ohne sich auf die Etymologie des Wortes einzulassen, „en
fribaaren Jordeier, Odelsmand, en af den lavere Adel i Norge"[2];
Th. Möbius erklärt das Wort ebenfalls, ohne sich über
dessen Etymologie zu äussern, unter Bezugnahme auf verschiedene Quellenstellen als „der einer Odelsfamilie angehörige freie Grundbesitzer in Norwegen;[3] Joh. Fritzner
giebt in der ersten Ausgabe seines Wörterbuches, wiederum
ohne jede Bemerkung in etymologischer Richtung, die dop-
pelte Bedeutung[4]: „Karl i Alm. 2). Odelsbonde"; H. Gering
in seinem Glossare zur Sœmundar Edda (1887) übersetzt:
„erbbauer; mann, mensch überhaupt" ; endlich Th. Wisén
bietet die Deutung „colonus liber; proprii agri arator; civis;
vir", ohne die Etymologie des Wortes zu erörtern.[5] Eine
völlig neue etymologische Deutung hatte aber inzwischen
Jakob Grimm aufgestellt, und zwar, soviel ich sehen kann,
zuerst in der zweiten Ausgabe seiner Deutschen Mythologie
(1844), I, S. 316,[6] von wo aus dieselbe dann auch in den
von W. Scherer besorgten neuen Abdruck seiner Deutschen
Grammatik (1878), II, S. 239 überging, während an der ent-
sprechenden Stelle der ersten Ausgabe dieses Buches (1826)
die Bemerkung fehlt, und auch sonst bei Besprechung des
Wortes (S. 29, nr. 314; S. 260 u. S. 458) der nordischen

---

1) Lexicon poëticum antiquæ linguæ septentrionalis
(1860), S. 375—76.

2) Oldnordisk Ordbog (1863), S. 269.

3) Altnordisches Glossar (1866), S. 168; vgl. auch S. 196.

4) Ordbog over det gamle norske Sprog (1867), S. 319.

5) Carmina Norrœna, II, S. 154—55 (1889).

6) Wörtlich übereinstimmend auch noch in der vierten, von
E. H. Meyer besorgten Ausgabe (1875), I. S. 283.

Form desselben nicht gedacht wird, gleichwie auch die erste
Ausgabe der Mythologie (1835), S. 201, der etymologischen
Erörterung entbehrt. Das nordische höldr will aber von
J. Grimm auf ein älteres höludr zurückgeführt und als eine
Fortbildung des einfachen halr aufgefasst werden, gleichwie
ags. hüled sich zu ags. häle stellt; es würde hiernach ursprünglich nur „miles", „vir", bedeuten und unserem Worte
„Held" zur Seite gehen. L. Diefenbach gedenkt dieser
Ableitung mit der Bemerkung,[1] dass das altnordische Wort
nach Form und Bedeutung nicht ganz passe, wogegen Konráð Gíslason sich ihr mit einer kurzen Motivirung an-
schliesst,[2] und bemerkt, dass haludr oder höludr gegenüber
halr den Mann in höherer Potenz bezeichne. Mit noch ein-
gehenderer Begründung bringt sodann auch S. Bugge dieselbe Etymologie,[3] mit dem ausdrücklichen Beifügen, dass
die älteste Bedeutung des Wortes nicht „Odelsbonde", sondern „Mand" sei; endlich schliesst sich ihr auch Guðbrandr
Vigfússon an, unter ausdrücklicher Abweisung der Ableitung von „halda",[4] wogegen J. Fritzner in der zweiten
Ausgabe seines Wörterbuches gegen sie das Bedenken er-
hebt,[5] dass das Wort höldr im Hinblick auf einzelne vorkommende Formen desselben eher ein Adjectiv als ein Sub-
stantiv zu sein scheine.

Mir scheint nun zunächst in etymologischer Beziehung die letztere Erklärung des Wortes die richtige zu sein.
Den von Fritzner gegen sie erhobenen Zweifel halte ich
nicht für begründet. Allerdings ist richtig, dass einmal für

---

1) Vergleichendes Wörterbuch der Gothischen Sprache
(1851), II, S. 524.
2) Aarböger for nordisk Oldkyndighed og Historie
(1866), S. 264—65.
3) Norrœn fornkvæði (1867), S, 141—145, Anm.
4) Icelandic-English Dictionary (1869), S. 309.
5) Ordbog over det gamle norske Sprog, II, S. 181 (1887).

den accus. plur. des Wortes die Form hauldamenn gebraucht
steht,[1]) und für den genit. sing. mehrmals die Form hauldsmanns,[2]) woraus man auf einen ursprünglich adjectivischen
Gebrauch des Wortes schliessen könnte. Aber die erstere
Form bietet nur der ältere Text des hochländischen Rechtes,
welcher an der fraglichen Stelle auf einer einzigen Hs. beruht, wogegen die beiden Hss. des jüngeren Textes übereinstimmend hauldborna menn lesen;[3]) die zweite Form giebt
ferner in dem älteren Texte des Rechtes von Víkin ebenfalls
nur eine Hs., während die zweite haulds, und die beiden
jüngeren Texte hauldmanns bieten;[4]) vom drönter Rechte
steht nur eine einzige Hs. zu Gebote, und an der betreffenden Stelle des gemeinen Landrechts lesen ebenfalls wieder
zahlreiche Hss. haulds, während die für sie benützten Quellen
hauldmanns[5]) oder haulds gewähren.[6]) Von den vier Stellen,
auf welche sich die Annahme eines ursprünglich adjectivischen
Gebrauches des Wortes höldr allenfalls stützen liesse, ist demnach an dreien die hiezu verwendbare Lesart entschieden
falsch, oder doch dringend verdächtig, und an der dritten,
nur in einer einzigen Hd. erhaltenen, würde sich aus dem
unmittelbar zweimal vorausgehenden haulds rètt die irrige
Lesung haulds manns rètt für hauldmannsrètt ebenfalls sehr
einfach erklären, zumal da auch noch lendsmanns rètt sofort
folgt. Weiterhin ist die wiederholt vorkommende Schreibung
hauldr für höldr doch wohl rein graphisch zu erklären, da
au sehr häufig das ö zu ersetzen pflegt, und die regelmässige
Schreibung höldr für das nur weit seltener vorkommende
höldr erweist sich lediglich als eine Consequenz der Regel,
dass d nach einer auf l auslautenden Silbe zu d wird; endlich hat schon Konráð Gíslason darauf hingewiesen, dass
höldr zu höludr sich ganz ebenso verhalte, wie börgr zu

---

1) EþL. I, 50. 2) BþL. I, 9, Anm. 9; FrþL. IV, 60; Landsl.
Kaupab. 21. 3) EþL. II, 39. 4) BþL. II, 18; III, 13. 5) GþL. 56.
6) FrþL. XI, 22.

börugr = ahd. paruc, hörgr zu hörugr = ahd. haruc, oder
Bárðr zu Báruðr. Wie bereits von J. Grimm bemerkt, ver-
hält sich überdiess an. höldr = höluðr zu halr ganz wie
ags. häleð zu häle, und es bezeichnet nur den Mann in
höherer Potenz, also den hervorragenden, tapferen Mann;
ohne seiner Grundbedeutung nach mit irgendwelchen Besitzverhältnissen, oder überhaupt mit irgendwelchen Standes-
verhältnissen das Mindeste zu thun zu .haben, konnte das
Wort aber hinterher ganz ebensogut in verengerter Bedeutung
zur Bezeichnung eines bestimmten Standes werden, wie diess
bei den Ausdrücken karl oder ceorl, þegn, rekkr, und wohl
auch jarl oder eorl ebenfalls der Fall war. Ob man, wie
J. Grimm in weiterer Verfolgung eines von Guðmundr
Magnússon in etwas anderer Fassung angeregten Gedankens
andeutet, bei halr an das Verbum „haljan, occulere, defendere,
tueri“ denken, und damit einen „Übergang von tutor auf
vir und miles“ gewinnen, oder mit Konráð Gíslason vom
Stamme „hala“ aus für halr die Bedeutung eines Kleidung
brauchenden Wesens ableiten kann, überlasse ich Sprach-
forschern zu entscheiden; jedenfalls aber scheint mir nicht
nur die von Dalin, Paus und Schlegel vertretene Ableitung
des Wortes höldr von höll völlig unhaltbar, sondern auch
die durch Páll Vídalín und viele Andere angenommene Ableitung von dem Zeitworte halda nicht zulässig. Insbesondere
darf man sich nicht, mit Sveinbjörn Egilsson, zu Gunsten
der letzteren Ableitung darauf berufen, dass ein einzelnes
Mal für „hölda“ die Variante „halda“ vorkommt. Richtig
ist ja allerdings, dass in einer Strophe des Halldórr hinn
úkristni, welche die Ólafss. Tryggvasonar, cap. 245, mittheilt,
„halda“ gedruckt steht;[1] aber es ist nur eine einzige Hs.,
AM. 61. fol., welche diese Lesung bietet, während zwei
andere Hss., AM. 53. fol. u. 54. fol., „havlda“ lesen, und

---

1) FMS. II, S. 294.

stammen nicht nur alle diese Hss. ziemlich aus derselben Zeit, dem Ende nämlich des 14. Jhdts.,[1]) sondern es wird die letztere Lesung auch durch die Flateyjarbók, die Heimskringla und die Fríssbók bestätigt,[2]) wie denn auch Gudbrandr Vigfússon die Form „haulda" eingesetzt hat,[3]) und kann wohl kaum einem Zweifel unterliegen, dass jene erstere Lesart lediglich auf einem Schreibfehler beruht.

In sachlicher Beziehung wird aber zunächst bedeutsam, dass gerade die farblosere Bedeutung des Wortes, welche etymologisch als die ursprüngliche sich erweist, in der dichterischen Sprache festgehalten wird.   In den sogenannten Eddaliedern heisst es:

Völuspá, 43: sá vekr hölda
at herjaföðrs;
Hávamál, 42: hlátr viþ hlátri
scyli haulþar taca;
und 94: heimsca ór horscom
gorir haulþa sono
sa inn matki mvnr;
Helgakv. Hjörv. 12: Hverir 'ro hauldar
i Hatafirþi?
Fáfnismál, 19: heipt at meiri verþr
haulþa sonom,
at þanu hialm hafe;
Brot af Sigurðarkv. 15: þat er hlœiandi
haulþa beiddi;
Guðrúnarkv. II, 28: hirþaþu haulldom
heiptir gialda;

unter den Skúlden aber braucht þorbjörn hornklofi die Worte:

---

1) Vgl. den Katalog over den Arnamagnæanske Hándskriftsamling, I (1888), S. 37—38 und 40—41.

2) Flbk, I, 374/473; Heimskr. 106/206; Fríssbók, 105/158.

3) Corp. poët. bor. II, S. 101.

„hugfyldra haulda“, d. h. virorum animosorum,[1]) und „hladnir váru þeir haulda“, d. h. oneratæ erant illæ viris,[2]) Hildr Hrólfsdóttir „hölda barmi“, d. h. frater virorum,[3]) und Torf-Einarr jarl „hauldar“, d. h. viri:[4]) in den Eiríksmál heisst es[5]):

„erumk ór heimi
haulda vánir
göfugra nökkurra;

Kormakr sagt: „höldr á holde“, d. h. viri carne,[6]) Einarr Skálaglam „Hárs-drífu-bölda“, d. h. die Männer des Sturmes Ódins,[7]) und „haulda mordsvaldr“, d. h. der Urheber des Männermordes,[8]) Hallfredr vandrædaskáld „hvat um dyldi þess hauldar“, d. h. qvid viros id celaret?[9]), Gunnlaugr ormstunga „hjörþeys höldr“, d. h. vir pugnæ,[10]) Sighvatr skáld haulda kvitt“, d. h. hominum rumorem,[11]) Hallar-Steinn in seiner Rekstefja „Hárs gnótt hölda“, d. h. numerosa turba virorum, „höldar fellu“, d. h. ceciderunt viri, „hölda kindum“, d. h. filiis virorum, „höldar flydu“, d. h. fugerunt viri;[12]) Markús Skeggjason „ótal hölda“, d. h. innumera multitudo virorum, „grimmir höldar“, d. h. incolæ crudeles, „hölda reynir“, d. h. hominum explorator,[13]) Einarr Skúlason im Geisli „meginfjöldi hölda“, d. h. magnus numerus hominum, „býdr höldum“, d. h. homines invitat.[14]) Ferner stebt in

---

1) **Heimskr. Haralds s. bárfagra,** 17/60. Ich begnüge mich mit einer Nachweisung, auch wo eine Strophe öfter vorkommt; die meisten Nachweise lassen sich obnehin aus **Gudbrand Vigfússon**'s Corpus poëticum boreale (1883), **Theod. Wisén**'s Carmina Norræna, Bd. 1 (1886), dann **Jón Sigurdsson**'s und **Finn Jónsson**'s Anmerkungen zum Skáldatalim Bd. III der Snorra-Edda (1880—87) leicht entnehmen.

2) **ebenda,** 19/62. 3) **ebenda,** 24/66. 4) **ebenda,** 32/71.
5) **Fagrskinna,** 28/16. 6) **Kormakss.,** 8/17 (ed. Möbius).
7) **Heimskr. Haralds s. gráfeldar,** 6/116. 8) **Fagrskinna,** 45/38. 9) **Heimskr. Ólafs s. Tryggvarsonar,** 22/142. 10) **Gunnlaugs s. ormstungu,** 11/251. 11) **Heimskr. Magnús s. góda,** 16/527. 12) **Wisén, Carmina Norræna,** I, S. 46, 47 und 48. 13) **Knytlínga,** 76/306 und 80/314. 14) **Wisén, ang. O., S. 54.**

den Krákumál „ór hölða hausum“, d. h. e crauiis virorum,
„hölða harmr“, d. h. dolor virorum;[1]) in der Jómsvíkínga-
drápa des Bischofs Bjarni Kolbeinsson: „hölða“, d. h. viros;[2])
in der Íslendingadrápa des Haukr Valdísarson: „sárt lèk halr
við hölda“, d. h. schlimm gieng der Mann mit den Leuten um;
„höld frá ek hræðast aldri“, d. h. ich hörte, dass der Mann
sich nie fürchtete: „feldi horska hölda“, d. h. er erlegte tapfere
Krieger.[3]) Wiederum sagt Snorri Sturluson in seinem Háttatal:
„bera hölðar“, d. h. viri gestant;[4]) Sturla þórðarson in seiner
Hrynhenda: „grimmra hölda“, d. h. atrocium virorum, „mildir
höldar“, liberales coloni,[5]) dann in seinen Hrafnsmál: „kapp-
studda hölda“, d. h. viros pertinacia fidentes;[6]) endlich Einarr
fóstri in der Skíðaríma, 37, 83, 152 u. 198, braucht den Ausdruck höldar auch noch unbedenklich für Männer oder Leute.[7])
Ungleich seltener nur findet sich der Ausdruck in diesem
seinem ältesten Sinne in der prosaischen Sprache gebraucht;
doch wird er nicht nur gelegentlich unter den „mannaheiti“
aufgeführt,[8]) sondern es gebraucht auch einmal in einem
späteren Einschiebsel der Ólafs s. Tryggvarsonar die Flateyjarbók den Ausdruck: „sá hinn heimski höldr“, während ein
anderer Text dafür „sá hinn heimski hrotti“ giebt,[9]) und
überdies scheint die spätere isländische Vulgärsprache das
Wort nur in diesem Sinne festgehalten zu haben. Schon
Magnús Ólafsson von Laufáss und Guðmundr Andrèsson
kennen es in diesem Sinne, und verweisen dabei auf die
Bezeichnung „höldr í búi“; bei Finn Magnússon kehrt diese
Verweisung wieder, und noch heutzutage kann ein tüchtiger
Landwirth ganz ebensogut als „búhöldr“ bezeichnet werden,
wie als búþegn oder als búmaðr. Schon in einem erheblich

---

1) ebenda, S. 63 u. 64. 2) ebenda, S. 71. 3) Íslendingadrápa (ed. Möbius), S. 44, 50 u. 52. 4) Snorra-Edda, I, S. 656.
5) Hákonar s. gamla, 286 67; 289/74 (FMS. X). 6) ebenda, 326/141.
7) Wisén, ang. O.. S. 103, 105, 109 u. 112. 8) Skáldskaparmál,
75/558. 9) Flbk. I, 315/391; vgl. mit FMS. II, 203/161.

engerem Sinne steht dagegen das Wort gebraucht, wenn in
den Rígsmál, 24, neben Halr und Drengr, þegn und Bóndi,
Búi und Seggr, auch Höldr unter den Söhnen Karls genannt,
und damit von den Söhnen þræls einerseits und von den
Söhnen Jarls andererseits scharf abgetrennt wird. In demselben engeren Sinne mag ferner das Wort auch in den
Hyndluljóð, 11 und 16, zu nehmen sein, wo der Gegensatz
der „höldbornir menn“ und der „hersbornir menn“ sehr
bestimmt betont wird, und jedenfalls kann es nur in diesem
Sinne verstanden werden, wenn die jüngere Edda einmal
ausspricht[1]): „þegnar ok höldar, svá eru búendr kalladir“.
Die Zugehörigkeit der höldar zu einem bestimmten Stande,
und zwar zu dem der Gemeinfreien, ist damit hervorgehoben;
nur unter dieser Voraussetzung können sie zu den Unfreien auf
der einen Seite und zu den hersar oder den jarlar als den Angehörigen der herrschenden Geschlechter andererseits in einen
durchgreifenden Gegensatz gebracht, oder frischweg mit den
Bauern zusammengeworfen werden. Endlich aber weist auf
einen noch mehr verengten Begriff dieselbe jüngere Edda hin,
wenn sie an einer anderen Stelle[2]) sagt: „þar næst (d. h. nach
den hersar oder lendir menn) eru þeir menn, er höldar heita,
þat eru búendr, þeir er gildir eru af ættum ok rèttum full-
um“, und wenn sie dann auch noch die hirðmenn und
húskarlar als handgengnir menn den höldar gegenübersetzt.
Zu den Bauern wurden diese letzteren allerdings auch hier
gezählt; aber sie fallen nicht mehr mit diesen zusammen,
bilden vielmehr eine durch die Geburt ausgezeichnete und
zugleich mit besserem Rechte ausgestattete bevorzugte Classe
unter ihnen. Auch die oben angeführten beiden Strophen
in den Hyndluljóð könnten möglicherweise unter diesen
Gesichtspunkt gestellt werden; jedenfalls aber gehört hieher
eine Reihe von Angaben in den Geschichtsquellen, welche die

---

1) Skáldskaparmál, 65/530. 2) ebenda, 53/456.

höldar einerseits von den privilegirten Classen der königlichen
Dienstleute, also zumal von den jarlar und den lendir menu
scharf getrennt halten, andererseits aber doch als diejenige
Classe der ausserhalb des Königsdienstes stehenden Leute
betrachten, welche jener Dienstaristokratie am Nächsten steht.
Wenn z. B. Björn, des Hersen Brynjólfr Sohn, nicht in des
Königs Dienst treten, und wie sein Bruder þórđr des Königs
Landherr werden wollte, sondern vorzog, als unabhängiger
Mann auf seinem freien Erbgute zu sitzen, wurde er dafür
durch die Bezeichnung Björn höldr ausgezeichnet.[1]) Wenn
ferner Halladr Rögnvaldsson in Folge der unaufhörlichen
Kämpfe, welche er mit Víkingern zu bestehen hatte, seines
Jarltbums auf dem Orkneys überdrüssig wurde, so trat er,
indem er seine Jarlswürde aufgab, auch sofort in die Classe
der höldar zurück.[2]) Wenn endlich Högni Lángbjarnarson
die von K. Haraldr harđrádi ihm angetragene Würde eines
Landherrn ablehnt, weil er, bäuerlicher Abkunft wie er ist,
lieber unter den Bauern der Erste als unter den Landherrn
der Letzte sein will,[3]) so wird dabei zwar der Name der
höldar nicht genannt, kann aber doch keinem Zweifel unterliegen, dass gerade sie unter jenen besten Bauern verstanden
werden müssen, deren Kreis zu verlassen der tüchtige Mann
sich weigert.

Insoweit besteht also das Ergebniss meiner Untersuchung
darin, dass ein allmählicher Wechsel in der Bedeutung des
Wortes höldr zu bemerken ist, indem dieses ursprünglich den
Mann im Allgemeinen, dann insbesondere den gemeinfreien
Mann im Gegensatze zum Unfreien sowohl als zum Hoch-
freien, endlich aber mit noch engerer Begrenzung einen
innerhalb des gemeinfreien Standes durch besondere Vorzüge

---

1) Eigla, 41/128; vgl. mit 40/127 (ed. Finnr Jónsson.)
2) Heimskr. Haralds s. hárfagra, 27.68; FMS. I, 96/195;
Flbk. I. 180/222; Orkneyínga s., 5/6 (ed. Gudbrandr Vigfússon).
3) FMS. VI, 62/278—79; Flbk. III, 37/349.

begünstigten Mann bezeichnete, wobei jedoch die älteren Be-
deutungen des Wortes neben den späteren immerhin noch
in gewissem Umfange fortlebten. Völlig einwandsfrei ist
allerdings dieses Ergebniss nicht. Wenn nämlich zwar die
dichterische Sprache sowohl als die isländische Vulgärsprache
sehr häufig ältere Wortbedeutungen festhält, welche die prosa-
ische Schriftsprache der Regel nach fallen gelassen hat, so
kommt es doch auch umgekehrt vor, dass beide einen ursprünglich in engerer und zumal in vornehmerer Geltung stehenden
Ausdruck hinterher erst generalisiren, und wäre demnach
immerhin auch denkbar, dass die von Anfang an für den
gemeinfreien Stand, oder sogar nur für eine bevorzugte
Classe desselben übliche Bezeichnung erst hinterher für den
Mann überhaupt gebraucht worden wäre. Zwischen dem
Gebrauche der Bezeichnung für den gemeinfreien Stand überhaupt und für eine besonders ausgezeichnete Abtheilung desselben lässt sich ferner in den meisten Fällen nicht scharf
unterscheiden, und liesse sich von hier aus allenfalls auch
die Frage aufwerfen, ob ein solcher Unterschied in Bezug
auf dieselbe überhaupt durchführbar sei? Indessen dürfte
doch die Ursprünglichkeit des dichterischen und zugleich des
späteren vulgär-isländischen Sprachgebrauches in dem eine
Stütze finden, was oben über die Etymologie des Wortes zu
bemerken war; die Zwiespältigkeit aber des Sprachgebrauches
in der letzteren Richtung scheint sich nicht nur durch die
Vergleichung der beiden aus den Skáldskaparmál angeführten
Stellen mit Bestimmtheit zu ergeben, sondern viel sicherer
noch in dem Inhalte der Rechtsbücher ihre Bestätigung zu
finden, zu dessen Betrachtung ich nunmehr übergehe.

Unter den Rechtsbüchern brauchen die Borgarþíngslög in ihrem ersten Texte die Bezeichnung hauldr,[1]) oder
nach einer andern Hs. hauldmaðr, hauldr maðr oder auch[2])

---

1) BþL. I, 9.   2) ebenda, I, 12.

hauldborenn maðr; der zweite Text bietet die Bezeichnungen hauldmaðr [1]) und hauldborenn maðr, [2]) der dritte endlich hauldmaðr oder hauldsmaðr. [3]) Sie setzen dabei den höldr mit seinen Kindern einerseits dem lendr maðr und andererseits dem leysíngi mit seiner Nachkommenschaft entgegen, unter welchem letzteren dann noch der frjálsgjafi sammt seinen Kindern und der Unfreie steht. [4]) Dem Landherrn stellen sie unter seinen Kindern aber nur die gleich, welche noch „í landvonum" sind, [5]) womit denn doch stillschweigend gesagt ist, dass diejenigen Kinder eines solchen, welche ohne derartige Aussichten sind, in die nächstniedrige Classe, also in die der höldar herabsinken, und sie bezeichnen andererseits den Theil des Kirchhofes, innerhalb dessen die höldar begraben werden sollen, als „bóndalega", [6]) welcher demnach mit der gleichfalls genannten „höldslega" identisch ist, woraus sich denn doch deutlich ergibt, dass die Begriffe bóndi und höldr diesem Rechtsbuche als sich deckende gelten. Von den Eiðsifjaþíngslög ferner braucht der erste Text die Bezeichnungen hauldmaðr, hauldsmaðr, der zweite hauldborinn maðr; [7]) beide aber unterscheiden die höldar, ganz wie die Borgarþíngslög, einerseits von den lendir menn und andererseits von den leysíngjar und deren Kindern, während die Kinder der Landherrn bis zum erreichten vierzigsten Lebensjahre den Stand ihres Vaters theilen, dann aber nach der ausdrücklichen Bestimmung der Quelle zum Stande der höldar herabsinken sollen, und auch nach diesem Rechtsbuche ist somit neben den höldar für eine von ihnen geschiedene Classe der bœndr kein Platz mehr offen. Beide Rechtsbücher brauchen demnach die Bezeichnung höldr in der zweiten oben nachgewiesenen Bedeutung, und beide wissen

---

1) BþL. II, 14 u. 18.   2) ebenda, II, 20.   3) ebenda, III, 13.
4) ebenda, I, 9 u. 12; II, 18 u. 20; III, 13; vergl. auch II, 14.
5) ebenda, I, 12; II, 20.   6) ebenda, I, 9; II, 18; III, 14.   7) EþL.
I. 48 u. 50; II, 37 u. 39.

noch Nichts von der Ausscheidung einer höheren Classe innerhalb des Bauernstandes, auf welche der Name der höldar
ausschliesslich angewandt worden wäre. Ganz anders ver-
halten sich dagegen die beiden Rechtsbücher des westlichen
Norwegens, von welchen die Gulaþíngslög die Bezeichnung
hauldr[1]) oder hauldmaðr[2]) bieten, während in den Frostaþíngslög die erstere Form der Bezeichnung ganz entschieden
vorwiegt,[3]) und die Form hauldmaðr oder hauldrmaðr nur
ganz vereinzelt auftritt.[4]) Beide Rechtsbücher scheiden aber
die höldar in allen den Punkten, in welchen sich die Sonde-
rung der verschiedenen Stände überhaupt geltend zu machen
pflegt, scharf von den blossen Bauern und selbst von den
altfreigeborenen Leuten, und schieben sie somit geradezu als
einen weiteren besonderen Stand zwischen diese und die
Landherrn in die Mitte. So halten demnach einerseits die
Gulaþíngslög an dem Satze fest,[5]) dass der Sohn des Landherrn „haullz rètt‟ nehme, wenn er nicht selbst Land vom
König erhält, und wie von einer besonderen Busse der höldar (höldsrèttr) sprechen sie gelegentlich[6]) auch von einem
besonderen Wergelde derselben (höldsgjöld); andererseits
unterscheiden aber die Frostaþíngslög die höldar doch auch
wieder sogar von den besten Bauern,[7]) sofern sie diese letzteren in gewissen Fällen zu bestimmten gerichtlichen Diensten
nur unter der Voraussetzung verwendet wissen wollen, dass
höldar schlechterdings nicht zu haben sind. Obwohl keines
der beiden Rechtsbücher uns eine Definition der Bezeichnung
giebt, lassen sich überdiess aus ihnen doch auch die Be-
dingungen feststellen, an deren Vorhandensein die Zugehörigkeit zum Stande der höldar gebunden war, sowie auch die
besonderen Vorzüge und Rechte, welche die Theilnahme an

---

1) Gþl. 149, 198, 200, 243. 2) ebenda, 56, 91, 129, 200.
3) FrþL. IV, 8, 49, 53 u. 60; IX, 17; X, 34, 41 u. 46; XI, 21 u. 22;
XIII, 15; XIV, 7 u. 10; XV, 11. 4) ebenda, IV, 60; X, 35.
5) GþL. 200. 6) ebenda, 243. 7) FrþL. IV, 8; XIV, 7; XV, 11.

demselben verlieh. In der ersteren Beziehung ist vor Allem
beachtenswerth, dass die Gulaþíngslög in einem ihrer verschiedenen Verzeichnisse von Strafgeldern den ódalborinn
maðr genau an derselben Stelle nennen, welche sonst der
höldr einzunehmen pflegt,[1]) und dass eine ihrer Wergelds-
tafeln von dem Falle ausgeht „ef sá er ódalborinn er viginn
er“, während die andere von den „haullz giolld“ ihren Aus-
gangspunkt nimmt.[2])   Man wird hieraus den Schluss ziehen
dürfen, dass unter dem höldr ein Mann zu verstehen sei,
dessen Haus sich im Besitze von óðal befinde, und dieser
Schluss wird auch noch durch eine später zu besprechende
Erklärung bestätigt, welche das gemeine Landrecht über den
Ausdruck giebt, und welche, wenn auch nicht völlig mit
dem aus den Gulaþíngslög gewonnenen Ergebnisse zusammen-
fallend, doch ebenfalls auf den Besitz von óðal als die Grundlage des Standes der höldar hinweist. Berücksichtigt man
nun, dass beide Provincialrechte unter dem óðal Stammgut
verstehen, d. h. Gut, welches schon eine Reihe von Generationen hindurch sich in einer und derselben Familie in gerade absteigender Linie vererbt hat, und welches in Folge
dessen auch für die Zukunft in bestimmter Weise an diese
Familie gebunden erscheint, so stellt sich der höldr als der
Angehörige eines mit solchem Stammgute angesessenen Hauses
dar, und kann es nicht auffallen, wenn derartige Leute eines
gewissen Vorranges vor anderen Freigeborenen sich erfreuen.
Die Vorrechte aber, welche beide Rechtsbücher den höldar
vor den gewöhnlichen Bauern zuerkennen, beziehen sich zunächst, wie bereits zu bemerken war, auf die Höhe der Ansätze im Compositionensystem. Nach den Gulaþíngslög steigt
die Busse des höldr der des gewöhnlichen Bauern gegenüber
im Verhältnisse von $1:2$,[3]) und dasselbe Verhältniss gilt

---

1) vgl. G þ L. 185 mit 200, u. s. w.   2) vgl. ebenda, 218 mit
243. 3) ebenda, 91, 185, 198, 200.

auch in Bezug auf die Wergeldszahlungen; [1] in Bezug auf
die der Ehefrau eingeräumten Dispositionsbefugnisse, [2] sowie
auch in Bezug auf die bei den Vergabungen an den þýborinn
sonr einzuhaltenden Grenzen; [3] die Frostaþíngslög dagegen
lassen die Bussen im Verhältnisse von 2 : 3 steigen, [4] und
halten dasselbe Verhältniss auch bezüglich der Vergabungen
an den þýborinn sonr, [5] dann wie es scheint auch bezüglich
der Dispositionsbefugnisse der Ehefrau fest, [6] obwohl sie sich
über diesen Punkt nicht ganz bestimmt aussprechen, ihre
Wergeldstafel aber erscheint überhaupt nicht mehr auf die
Gliederung der Stände gestützt. Weiterhin hat dann der
höldr auch noch das Recht, Walfische von einer gewissen
Grösse sich anzueignen, wenn sie gefunden werden, wogegen
diess, und zwar nach beiden Rechtsbüchern, den einfachen
Bauern nur bei Fischen von zur Hälfte geringerem Werthe
gestattet ist; [7] nach einer im gemeinen Landrechte ent-
haltenen Bestimmung, die aber entschieden älteren Ursprunges
sein muss, lässt sich überdiess annehmen, dass ihm auch
ein vorzugsweises Anrecht auf den innerhalb seines Grundbesitzes gefundenen Schatz zugestanden habe. [8] Wiederum
lassen die Gulaþíngslög im Stammgutsprocesse nur óðalsbornir
menn zur Ablegung des Zeugnisses zu; [9] die Frostaþíngslög
aber lassen nicht nur in gewissen Processen über Liegen-
schaften den óðalsmaðr vor dem kauplendíngr zum Partheien-
eide zu, [10] welcher Vorzug vielleicht nicht sowohl ein Standes-
vorrecht, als vielmehr in den besonderen Beziehungen des
einen oder des anderen Streittheiles zu dem streitigen Gute,
beziehungsweise in den Behauptungen desselben über diese

---

1) G þ L. 218, 243. 2) ebenda, 56. 3) ebenda, 129. 4) Fr þ L.
IV, 49 u. 53; X, 34, 35, 41 u. 46; XIII, 15; vgl. auch XI, 21 mit
G þ L. 198. 5) Fr þ L. IX, 17. 6) ebenda, XI, 22 vgl. mit 21.
7) G þ L. 149; Fr þ L. XIV, 10; Bjark. R. III, 145. 8) Landslög,
Landabrb. 16; vgl. indessen G þ L. 148. 9) G þ L. 266. 10) Fr þ L.
XIII, 25.

Beziehungen begründet ist, sondern sie lassen auch in Allmendesachen nur höldar zum Erfahrungszeugnisse zu, falls
solche zu haben sind, dagegen sogar die besten unter den
sonstigen Bauern nur unter der Voraussetzung, dass höldar
nicht vorhanden sind,[1]) und ebenso verfahren sie auch ganz
allgemein in allen anderen Sachen hinsichtlich des Zwölfer-
eides mit ernannten Eidhelfern,[2]) sowie bezüglich eines eben-
solchen Sechsereides.[3]) Man sieht, es handelt sich bei allen
diesen Vorrechten, soweit nicht blosse Folgen der Stammgutseigenschaft des Grundbesitzes in Frage stehen, um einfache Standesvorzüge, wie sie auch sonst in völlig entsprechen-
der Weise den Angehörigen je eines höheren Standes gegenüber denen eines geringeren zukommen, oder doch nur um
die vorzugsweise Verwendung zu Diensten, die ein besonderes
Maass von Verlässigkeit oder auch von Vertrautheit mit den
Zuständen des heimatlichen Bezirkes voraussetzen, wie man
Beides bei erbeingesessenen Grundeigenthümern allerdings in
erhöhtem Masse erwarten konnte. Es ist sehr wohl möglich,
dass das Stammgüterrecht in einer Landschaft schon längst
bekannt und ausgebildet war, ohne dass doch die Stammgutsbesitzer derselben sich zu einem besonderen Stande abgeschlossen, und als ein solcher von den übrigen freien Bauern
sich abgetrennt hatten; in der östlichen Reichshälfte scheint
diess in der That der Fall gewesen zu sein. Der fragmentarische
Zustand, in dem uns sowohl die Borgarþíngslög als die Eiðsifjaþíngslög überliefert sind, gestattet uns allerdings nicht zu bestimmen, wie weit etwa nach beiden Rechtsbüchern der Besitz
von Stammgut irgendwelche Bevorzugung begründet habe oder
nicht; aber es wäre immerhin sehr wohl denkbar, dass auch
sie die óðalbornir menn bereits in einzelnen Richtungen
bevorzugt hätten, ohne dass sich diese ihre Bevorzugung
doch noch in einer Erhöhung ihrer Busse, ihres Wergeldes

---

1) Fr þ L. XIV, 7.   2) ebenda, IV, 8.   3) ebenda, XV, 11.

u. dgl. m. geäussert hätte, und ohne dass sich die Bezeichnung als höldar bereits auf sie beschränkt hätte. Wenn unsere Geschichtsquellen von der angeblichen Einziehung der Óđalsgüter durch K. Harald hárfagri und von deren Rückgabe durch K. Hákon góđi sprechen, so nehmen sie dabei weder die Landschaft Víkin noch die Upplönd von beiden Massregeln aus, vielmehr heben sie allenfalls sogar ausdrücklich den günstigen Eindruck hervor, welchen die Handlungsweise des letzteren Königs in den Hochlanden hervorgerufen habe.[1]) Wir können hiernach sicher sein, dass Stammgüter auch dem Rechte jener beiden Landschaften schon von der ältesten Zeit an bekannt waren, wie denn auch dem schwedischen Rechte der Begriff des oþal geläufig war, wenn auch nicht ganz in derselben Gestalt wie dem Rechte Drontheims und des Gulaþínges; eine gewisse Bevorzugung der Stammgutsbesitzer vor den übrigen Bauern, welche sich nur noch nicht zu einer vollen Standesverschiedenheit ausgeprägt hatte, wäre also für beide Rechtsgebiete recht wohl möglich. Es wird sich nun für uns darum handeln, soweit als möglich den Zeitpunkt zu bestimmen, in welchem für die westliche Reichshälfte die Umbildung der Classe der Stammgutsbesitzer zu einem besonderen Stande, und damit zusammenhängend, die Beschränkung des Namens der höldar auf sie sich vollzogen hat.

Keinen erheblichen Werth für die Ergründung der Geschichte des Standes glaube ich zunächst der Thatsache beilegen zu sollen, dass nach dem älteren Stadtrechte alle freien Leute vom Landherrn abwärts bis zum Freigelassenen, welcher sein Freilassungsbier gehalten hat, einschliesslich in der Stadt gleiche Busse nehmen sollten, und zwar die des

---

1) vgl. meinen Aufsatz: „Ueber die Einziehung der norwegischen Odelsgüter durch K. Harald hárfagri", in der Germania, Bd. XIV, S. 27—28.

höldr.[1]) Den Umstand freilich halte ich für unbedenklich,
dass dieselben Auszüge aus dem Stadtrechte, welche diesen
Satz aussprechen, anderwärts nicht nur in Bezug auf den
gefundenen Wal genau denselben Vorzug des höldr vor dem
árborinn oder ættborinn maðr und anderen Freien kennen
wie die FrþL.,[2]) sondern auch in Bezug auf die Busse gelegentlich ganz dieselbe Abstufung wie diese unter den verschiedenen Ständen durchführen.[3]) Ganz abgesehen davon,
dass dieser Selbstwiderspruch sich nur im Texte III, nicht
aber im Texte II findet, vermag ich nämlich in demselben
nur die Folge einer ungeschickten Ergänzung des Stadtrechtes
aus den FrþL. zu erkennen, mit welchen dasselbe ja im
Uebrigen allerdings oft genug übereinstimmt, möge nun
dieser Verstoss erst von den Verfassern der uns vorliegenden
Auszüge, oder bereits von dem Compilator der von ihnen
benützten Vorlage begangen worden sein. Wenn sich aber
zwar von hier aus kein Grund ergiebt, welcher zu einer
Beanstandung der obigen dem Stadtrechte eigenthümlichen
Regel berechtigen könnte, so muss doch auffallen, dass diese
in Bezug auf den Betrag der Busse nicht etwa blos den
höldr mit den gemeinfreien Bauern zusammenwirft, sondern
dass sie auch den Landherrn einerseits und den Freigelassenen
höherer Ordnung andererseits beiden gleichstellt. Ueber die
Regeln, welchen die Borgarþíngslög und die Eiðsifjaþíngslög
folgen, wird demnach in beiden Richtungen ganz entschieden
hinausgegangen, und ergiebt sich schon hieraus, dass der
Gesichtspunkt, von welchem aus das Stadtrecht zu seiner
Regel kommt, ein ganz anderer sein muss, als der für die

---

1) BjarkR. II, 47 u. III, 97; vgl. auch Norges gamle Love,
IV, S. 80.

2) BjarkR. III, 145, oder Norges gamle Love, IV. S. 94;
vgl. FrþL. XIV, 10.

3) BjarkR. III, 161—62, oder Norges gamle Love, IV, S. 88;
vgl. FrþL. X, 34—35.

letzteren beiden Provincialrechte massgebende. Man wird sich, um diesen Gesichtspunkt ausfindig zu machen, daran zu erinnern haben, dass den Isländern, so lange sie in Norwegen auf der Kauffahrt waren, ein für allemal das Recht des höldr zugestanden war, während andere Ausländer sich mit dem Rechte des einfachen Bauern zu begnügen hatten, wenn sie nicht ihren Anspruch auf ein besseres Recht beweisen konnten.[1]) Man wird ferner mit dieser Bestimmung auch noch den anderen Satz zusammenzuhalten haben, dass der Bjarkeyjarrèttr wie in der Stadt, so auch an den grossen Fischereiplätzen und auf der Kauffahrt gelte,[2]) und wird sich aus der Combination beider Bestimmungen die Regel ergeben, dass überall da, wo dieses Stadt- und Schifferrecht galt, alle freien Leute in Bezug auf ihre Busse gleich gehalten wurden, mit Ausnahme nur der fürstlichen Personen (tignarmenn) einerseits und der erblich abhängigen Leute (þyrmslamenn) andererseits, und dass dabei für die Einheimischen sowohl als für die übrigen Angehörigen des norwegischen Stammes das Recht des höldr, für andere Ausländer dagegen das Recht des gemeinfreien Bauern als das massgebende galt. Das Stadtrecht stellt sich somit in dieser wie in so mancher anderen Beziehung nur als ein localisirtes, und damit zugleich auch stabil gewordenes Schifferrecht dar; der massgebende Gesichtspunkt für unsere Bestimmung kann aber kein anderer gewesen sein als der, dass bei Fremden und aus den verschiedensten Gegenden zusammengeströmten Leuten der überaus schwierige Nachweis des dem Einzelnen seiner Geburt nach zukommenden Rechtes durch einen ein für allemal geltenden Rechtssatz ersetzt und überflüssig ge-

---

1) G þ L. 200, sowie K g a b k. 248/195 und Skinnastadabók, S. 464.

2) Bjark R. II, 42; vgl. meinen Artikel „Gulaþingslög" in der Allgemeinen Encyklopädie der Wissenschaften u. Künste, I. Sect., Bd. 97, S. 38.

macht werden sollte. Mit dem Verhältnisse der böldar zu
den gewöhnlichen Bauern hat demnach diese Bestimmung
nicht das Mindeste zu thun, ausser etwa insofern, als sie
erkennen lässt, dass zur Zeit ihrer Entstehung beide Classen
im Drontheimischen in Bezug auf den Betrag der ihnen zukommenden Busse sich bereits von einander geschieden hatten.

Bedenklicher ist, dass auch das isländische Recht innerhalb des Freienstandes keinerlei weitere Standesunterschiede
kennt. Allerdings unterscheidet es gelegentlich zwischen
den bœndr und den einhleypíngar oder den gridmenn, und
lässt die ersteren ausschliesslich oder doch vorzugsweise zu
gewissen öffentlichen Functionen verwenden, während es
ihnen zugleich bezüglich der Allmendenutzungen ein gewisses
Vorzugsrecht vor den letzteren einräumt. Wohl macht sich
ferner auch innerhalb der Classe der Bauern wiederum der
Gegensatz der landeigendir und der leiglendíngar geltend,
und werden nur die ersteren, oder doch vorzugsweise die
ersteren zu den Gemeindeämtern und zu allerlei anderen
öffentlichen Dienstleistungen herangezogen. Den einvirkjar
endlich, d. h. denjenigen Bauern, welche ihre Wirthschaft
ohne Beihülfe von Dienstboten betreiben, werden mancherlei
Erleichterungen in Bezug auf das Tragen öffentlicher Lasten
gewährt, und umgekehrt wird den Bauern, welche das þíng-
fararkaup zu bezahlen haben, also hinreichend vermöglich
sind, um entweder Jahr für Jahr das Allding besuchen oder
für den Fall ihres Ausbleibens eine Abgabe von bestimmter
Höhe entrichten zu müssen, noch manche andere Verpflich-
tung auferlegt, wie denn z. B. nur sie der Zehntlast unterliegen, als Zeugen oder Geschworene zum Ding kommen
müssen ohne eine Reiseentschädigung beanspruchen zu dürfen
u. dgl. m.[1] Aber alle diese Unterschiede sind einerseits

---

1) vgl. meine Schrift „Island von seiner ersten Entdeckung bis
zum Untergange des Freistaats“, S. 146—52.

steten Schwankungen unterworfen, und werden andererseits
nur in ganz vereinzelten Beziehungen wirksam; zu Standes-
verschiedenheiten sind sie demnach keineswegs geworden,
wie denn auch gar manche von ihnen in Norwegen überhaupt, oder doch in einzelnen Theilen von Norwegen ebenfalls einzelne rechtliche Wirkungen äussern, ohne darum doch
als in Busse, Wergeld u. dgl. ausgeprägte Standesunterschiede
aufzutreten. Indessen darf doch aus diesen isländischen Verhältnissen nicht ohne Weiteres auf die Urzustände Norwegens
zurückgeschlossen werden. Die ungeordnete Art, in welcher
sich die Besiedelung Islands vollzog, konnte sich von vorn-
herein der Bildung von Stammgütern nicht förderlich er-
weisen, da sie eine geregelte Landestheilung ausschloss und
zugleich den Zusammenhalt der Familien schwächte. Die
eigenthümlichen wirthschaftlichen Zustände, wie sie im Klima
und in der Bodenbeschaffenheit der Insel begründet waren,
liessen den Ackerbau ganz zurücktreten hinter die Viehzucht,
und schwächten eben damit sehr erheblich den Werth des
Grundeigenthums und seiner festen Verknüpfung mit der
Familie. In Folge beider Umstände kennt das isländische
Recht keinen Stammgutsbesitz, während dieser in Norwegen
von Anfang an eine sehr bedeutende Rolle gespielt hatte,
und von höldar im Sinne der Gulaþíngslög und der Frostaþíngslög konnte demnach hier schlechterdings nicht die
Rede sein. Dazu kommt noch eine gewisse coloniale Gerad-
linigkeit der Rechtsverfassung des isländischen Freistantes,
und deren scharf ausgeprägte Rücksichtnahme auf die indi-
viduelle Freiheit, welche zu einer ähnlichen demokratischen
Gleichstellung der verschiedenen Volksgenossen ganz wohl
führen mochte, wie sie das norwegische Schifferrecht ohne-
hin schon kannte, unter dessen Herrschaft der grössere Theil
der nach Island Einwandernden bereits längere Zeit gestanden
war. Alles diess zusammengenommen mochte recht wohl
zu einer völligen Verwischung aller Standesunterschiede inner-

halb der freien Volksgemeinde geführt haben, wenn auch
in Norwegen selbst solche Unterschiede zu der Zeit völlig
ausgeprägt bestanden hatten, in welcher die Auswanderung
erfolgte. Finden wir doch auch die regierenden Häuser auf
Island durch keinerlei Standesvorzüge vor dem übrigen Volke
ausgezeichnet, so bedeutsam auch das Uebergewicht war,
welches sie thatsächlich über dieses besassen.

In hohem Grade bedeutsam erscheint dagegen, dass in
englischen Quellen schon ziemlich frühzeitig „holdas"
unter den in England eingedrungenen Nordleuten genannt
werden. Die angelsächsische Chronik nennt im Jahre 905
einen Ysopa hold und einen Oscytel hold unter den auf dän-
ischer Seite Gefallenen;[1] dann im Jahre 911 einen Aþulf
hold und Agmund hold als in einem weiteren Gefechte ge-
blieben,[2] wobei andere Texte auch noch Benesing hold,
þurferd hold und Gudferd hold unter den Todten erwähnen.[3]
Zum Jahre 918 berichtet dieselbe Quelle, wie „þa holdas
ealle and þa ieldestan men ealle mæste" von Bedford und
Northhampton zugleich mit þurcytel eorl ihren Frieden mit
K. Eadweard machten,[4] und zum Jahre 921 erzählt sie
ganz Aehnliches von „þurferd eorl and þa holdas and eal se
here þe to Hamtune hierde".[5] Ausserdem erzählt die zweite
Chronik des Simeon Dunelmensis, wie Ucthred von North-
umberland „peremptus est a quodam Dano prædivite Thure-
brando cognomento Hold, permittente Cnutone",[6] und pflegt
man den Vorgang in das Jahr 1016 oder 1017 zu setzen.
Wiederum findet sich in einer angelsächsischen Rechtsauf-
zeichnung, welche die Ueberschrift trägt „Northleôda laga",
und welche ich mit R. Schmid dem Anfange des 10. Jhdts.

---

1) John Earle, Two of the Saxon Chronicles, S. 98.
2) ebenda, S. 101, D. 3) Monumenta historica Britannica,
I, S. 375. 4) Earle, ang. O., S. 104. 5) ebenda, S. 107. 6) Monumenta hist. Brit., I. S. 687, Anm. d.

zuweisen möchte,[1]) der hold berücksichtigt; er wird dabei
halb so hoch angesetzt als der Bischof und der ealdorman,
aber doppelt so hoch als der Priester und der þegn, also
15 mal so hoch als der einfache ceorl. Da der hold zugleich
mit dem „cyninges heâhgerêfa“, d. h. des Königs Hochgrafen
gleichgestellt wird, einem Beamten höheren Ranges, der auch
sonst öfter genannt wird, über dessen Stellung jedoch Nichts
bekannt ist,[2]) und da ihm auch nach den vorhin angeführten
Stellen ein ziemlich hoher Rang zuzukommen scheint, möchte
man zunächst in ihm einen höheren Beamten vermuthen,
wofür sich auch noch anführen liesse, dass im Evangelium
Marci 6, 21 northumbrische Hss. den „tribunus“ der Vulgata
durch „hold“ übertragen, worauf zuerst Joh. Steenstrup,[3])
und neuerdings wieder Joh. Fritzner aufmerksam gemacht
hat. Indessen ist doch bezüglich dieser letzteren Stelle zu
berücksichtigen, dass die Vulgata von „principibus et tribunis
et primis Galilææ“ spricht; südenglische Uebersetzungen
geben diese Worte durch „his ealdormannum and þam fyr-
mastum on Galilea“ wieder, und lassen demnach den tribunus
unübertragen, so dass die northumbrischen Hss., wenn sie
lesen „dæm aldormannum and holdum and forvastum Gali-
læs“, ganz wohl für einen unverstandenen Ausdruck einen
ihnen geläufigeren und dem Range nach einigermassen pas-
senden gesetzt haben mögen, wenn dieser auch streng genommen keineswegs vollkommen entsprach. Bezüglich der
Wergeldsnotiz aber möchte ich darauf hinweisen, dass nach
dem Frieden K. Ælfreds mit K. Guðrum, § 2,[4]) die Tödtung
jedes beliebigen Engländers oder Dänen mit 8 Halbmarken

---

1) Die Gesetze der Angelsachsen (ed. 2), S. 396; vgl.
S. LXVI.
2) vgl. Bosworth-Toller, Anglosaxon Dictionary, h. v.,
S. 516.
3) Normannerne, IV, S. 112.
4) bei R. Schmid, ang. O., S, 106.

reinen Goldes gesühnt werden sollte mit Ausnahme des englischen „ceorles“, welcher auf Zinsland sitzt, und der nordischen „liesingas“, welche letzteren beiden gleichmässig mit
200 Schillingen vergolten werden sollten. Die Urkunde
gehört den Jahren 880—90 an;[1]) um ein Jahrhundert später
aber bestimmt der Friedensschluss zwischen K. Æðelred und
Ólaf Tryggvason mit seinen Genossen, in seinem cap. 5,[2])
dass der Todtschlag, welchen ein Engländer an einem freien
Dänen oder umgekehrt ein Däne an einem freien Engländer
begeht, mit 30, oder vielmehr nach der richtigen Lesart mit
25 ₤ zu sühnen sei. Offenbar sind jene 8 Halbmarken oder
2 ₤ reinen Goldes mit diesen 25 ₤ in Silbergeld gleich-
werthig zu denken, oder mit anderen Worten, der freie Mann
soll mit dem Wergelde des cyninges þegn vergolten werden,
wenn er nur nicht zu den ganz kleinen Leuten gehört, den
englischen Zinsbauern also oder den nordischen Freigelassenen;
unter dieser Voraussetzung stellt sich dann aber das Wergeld des holdes doppelt so hoch als das des gemeinen Freien,
also genau ebenso wie nach den Gulaþíngslög, und wenn
wir berücksichtigen, dass der ealdorman, welcher doppelt so
hoch angesetzt wird als der hold, seiner ganzen Lebens-
stellung nach wesentlich dem nordischen lendrmaðr ent-
spricht, so finden wir auch nach dieser Seite hin die Parallele
mit demselben Rechtsbuche vollständig eingehalten. Jedenfalls aber zeigt sich, dass in der Zeit, aus welcher weitaus
die meisten jener Zeugnisse stammen, in der ersten Hälfte
also des 10. Jahrhunderts, die höldar wenigstens im westlichen
Norwegen, von welchem die meisten Heerfahrten nach England ausgingen, schon eine ziemlich hohe Stellung einge-
nommen haben müssen; damals musste im Bereiche des
Gulaþínges und doch wohl auch des Frostaþínges, die Ab-
trennung der höldar von den geringeren Bauern und deren

---

1) bei R. Schmid, ang. O., S. XXXVIII.   2) ebenda, S. 206.

Abschluss zu einem besonderen Stande sich bereits vollzogen
haben, während die beiden Provincialrechte der östlichen
Reichshälfte noch um zwei Jahrhunderte später auf der oben
bezeichneten älteren Entwicklungsstufe verharrten. Mag sein,
dass unter den Heerleuten in England, unter welchen sich
der Natur der Sache nach gar manche befanden, die zufolge
der politischen Umwälzungen in ihrem Vaterland dieses verlassen hatten, [1]) der Name des höldr gerade darum als ein
besonderer Ehrentitel betrachtet wurde, weil er' den bestimm-
testen Gegensatz zu allem Königsdienste zu bezeichnen schien,
wie ja auch der oben erwähnte Björn höldr nach der Eigla
gerade aus diesem Grunde diesen seinen Beinamen erhielt.

Nachdem im Bisherigen die Geschichte des Standes der
höldar bis gegen die Mitte des 13. Jhdts. herabgeführt worden
ist, muss nun noch ein Blick auf die Gesetzgebung des
K. Magnús lagabœtir geworfen werden, theils weil die
weitere Entwicklung des Standes in der späteren Zeit ge-
wissermassen als Prüfstein dienen mag für die Haltbarkeit
der Vermuthungen, welche über deren früheren Verlauf ausgesprochen wurden, theils aber auch darum, weil der Inhalt
dieser späteren Gesetzgebung mehrfach für die Gesammtauf-
fassung des Standes bestimmend geworden ist. Es knüpft
aber diese Gesetzgebung im Wesentlichen an die Bestimmungen der Gulaþíngslög und der Frostaþíngslög an, und sie
kennt somit den höldr als eine über den gemeinen Bauern
emporgerückte vornehmere Persönlichkeit. An die Stelle der
ein für allemal bestimmten Buss- und Wergeldsbeträge, wie sie
das ältere Recht gekannt hatte, sind freilich nunmehr Ansätze
getreten, welche von Fall zu Fall durch eigens zu ernennende
Schätzleute festgestellt werden, [2]) und im Compositionenwesen,
in welchem die Standesunterschiede sich vordem am Schärf-

---

1) vgl. Heimskr. Haralds s. hárfagra, 20/62—63.
2) Landslög, Mannh. 12; neuerer Bjarkr. 13; auch schon
Járnsída, Mannh. 29.

sten ausgeprägt hatten, konnten sie demnach fortan nicht
mehr in gleicher Weise hervortreten; doch blieb bei der als
„landnám" bezeichneten Busse für widerrechtliche Eingriffe
in fremdes Grundeigenthum die Abstufung der Stände wenigstens noch insoweit bedeutsam, als sich mit Rücksicht auf
sie die Maximalgrenze verschieden bemass, welche die Buss-
zahlung nicht überschreiten durfte, und galt dabei für den
einfachen Bauern und den höldr das Verhältniss von 2 : 3,
ganz wie es auch schon nach den Frostaþíngslög für beide
gegolten hatte.[1]) Dabei ist nicht ohne Interesse zu bemerken,
dass in der Jónsbók anstatt des höldr, der auf Island des
hier fehlenden Stammgutsbesitzes halber nicht vorkommen
konnte, der „riddari" eingesetzt wurde;[2]) die gedruckten
Ausgaben des Gesetzbuches[3]) sagen sodann bei Besprechung
des gemeinen Bauern: „ef í er ort jörð bónda eðr haulds",
und brauchen somit den letzteren Ausdruck, doch wohl an
den späteren vulgär-isländischen Sprachgebrauch sich an-
schliessend, für den gewöhnlichen Landwirth, aber in den
neuerdings durch G. Storm benützten ältesten Hss. findet
sich der auf ihn bezügliche Beisatz noch nicht. Hinsichtlich
der den Weibern eingeräumten Dispositionsbefugnisse wird
ferner die Frau des höldr im gemeinen Landrechte doppelt
so hoch angesetzt als die des gewöhnlichen Bauern, und
gilt demnach in dieser Beziehung das den Gulaþíngslög ent-
lehnte Verhältniss von 1 : 2;[4]) auch in diesem Falle aber
setzt das isländische Gesetzbuch für die hauldsmanns kona
wieder die „riddara kona" ein.[5]) Es wiederholt sich ferner

---

1) Landsl. Landsleigub. 20; vgl. FrþL. XIII, 15.
2) Jónsbók, Landslb. 18; vgl. Norges gamle Love, IV,
S. 265.
3) So schon die Ausgabe von 1578.
4) Landsl. Kaupab. 21; vgl. GþL. 56.
5) Jónsb. Kaupab. 24; vgl. Norges gamle Love, IV, S. 313;
vgl. indessen, was oben S. 170 über die Aeusserungen des Björn
von Skardsá zu sagen war.

im gemeinen Landrechte die ältere Vorschrift, dass in Ódals-
sachen nur ódalsbornir menn Zeugniss geben[1]) und dass in
Allmendesachen nur höldar aussagen sollen, falls solche
überhaupt zu haben sind;[2]) die erstere Bestimmung fehlt
natürlich in der Jónsbók, und die zweite zeigt in ihr eine
durchaus veränderte Gestalt. Der Anspruch auf einen bestimmten Antheil am gefundenen Schatze, welcher dem ódals-
manne doch wohl schon von Alters her zugekommen war,
wird im gemeinen Landrechte ausdrücklich anerkannt und
wie es scheint nur neu regulirt,[3]) und nicht minder wird
auch das althergebrachte Vorzugsrecht des höldr bezüglich
des gefundenen Walfisches in seinem früheren Umfange bestätigt.[4]) Von beiden Bestimmungen weiss die Jónsbók
Nichts; dagegen giebt das gemeine Landrecht gelegentlich
der letzterwähnten eine Definition des höldr, welche der
neueren Literatur mancherlei Schwierigkeiten bereitet hat,
und lautet dieselbe folgendermassen: „En sá er höldr, er
hann hefir óđöl at erfđum tekit bæđi eptir fađur ok móđur,
þau er hans forellrar hafa átt áđr fyrir þeim, ok eigi ann-
arra manna óđöl í at telja, þau er međ kaupi eru at komin
eđa úterfđum“. Hier wird also der höldr nicht mehr mit
dem ódalsborinn mađr in früherer Weise identificirt, und
der blosse Besitz von Stammgut genügt nicht mehr, um den
Antheil an seinem Stande zu gewähren; man musste vielmehr jetzt von väterlicher und mütterlicher Seite her ódal
ererbt haben, wenn man als höldr gelten wollte, oder vielmehr. da der Wortlaut der Stelle doch wohl kaum strengstens
auszulegen sein dürfte, man musste von beiden Eltern her
in Bezug auf irgendwelchen Grundbesitz ódalsberechtigt sein.
Wenn demnach als höldr ursprünglich der Mann, später der

---

1) Landsl Landabrigđisb. 9.
2) ebenda, Landsleigub. 61.
3) ebenda, Landabrb. 16.
4) ebenda, Landslb. 64.

gemeinfreie Mann, endlich der stammgutsberechtigte freie
Mann bezeichnet worden war, so sollte jetzt gar nur noch
der höldr heissen, der von der Mutterseite sowohl als von
der Vaterseite her stammgutsberechtigt, also nach beiden
Seiten zugleich óðalsborinn war. Es ist sicherlich unbe-
gründet, wenn Dahlmann, wie vor ihm bereits Björn Jónsson von Skarðsá, Magnús Ólafsson von Laufáss, dann Gerh.
Schöning gethan hatten, diese letztere Gestaltung des Standes
als die alleinige und von Anfang an gegebene ansehen will,
oder wenn E. Sars dafür hält,[1]) dass sich unter dem Ein-
flusse der Alleinherrschaft in Norwegen sogar eine allmäliche
Verminderung der aristokratischen Bevorzugung desselben
geltend gemacht habe; meines Erachtens zeigt der Verlauf
der Entwicklung vielmehr eine stets weiter gehende aristo-
kratische Verengerung des Standes, und bezeugt die im gemeinen Landrechte gegebene Definition desselben nur dessen
letzte Verknöcherung, welcher dessen völliger Untergang
bald genug gefolgt zu sein scheint. Allerdings ist ja richtig,
dass die Identität der höldar mit den óðalbornir menn sich
nur für den Bezirk des Gulaþinges strengstens beweisen lässt,
und bleibt insoweit die Möglichkeit bestehen, dass die Begrenzung des Standes im Drontheimischen eine andere gewesen, und dass somit die im gemeinen Landrechte gegebene
Definition desselben aus dem Rechte der letzteren Landschaft
geschöpft sein könnte. Indessen fehlt doch jeder positive
Anhaltspunkt, auf welchen sich eine derartige Annahme
stützen könnte und überdies ist wenig wahrscheinlich, dass
die beiden Dingbezirke der westlichen Reichshälfte ziemlich
gleichzeitig in diesem Punkte erheblich verschiedene Wege
gegangen sein sollten; endlich lässt sich auch ein Motiv
entdecken, welches den K. Magnús zu der Aenderung des
älteren Rechtes bestimmen konnte, auf welche seine Defini-

---

1) Udsigt, S. 147—48 (ed. 2).

nition des Standes hinweist, während für die Frostaþíngslög
ein ähnlicher Nachweis schwer zu erbringen sein dürfte.
Die Gulaþíngslög hatten als Stammgüter nur solche Liegen-
schaften gelten lassen, welche bereits durch volle 5 Generationen innerhalb der Ascendenz ihres derzeitigen Besitzers
sich vererbt hatten,[1]) und die Frostaþíngslög hatten wenigstens noch die Vererbung durch volle 3 Generationen zum
gleichem Behufe gefordert;[2]) dagegen begnügt sich das
gemeine Landrecht alternativ mit dieser letzteren Voraussetzung auch schon mit dem blossen Besitzstande eines und
desselben Hauses während eines Zeitraums von 60 Jahren.[3])
Da mag nun wohl sein, dass K. Magnús gerade darum, weil
er die Verwandlung des Grundeigenthums in Stammgut so
erheblich erleichtern zu sollen glaubte, eine engere Begrenzung des Standes der höldar für nothwendig erachtete, weil
er von jener ersteren Neuerung eine allzu beträchtliche Erhöhung der Zahl der óðalsbœndr befürchten zu müssen
glaubte; begründet erwies sich diese Befürchtung allerdings
nicht, und mag sein, dass in Folge dessen auch die von
K. Magnús beliebte engere Begrenzung des Standes der
höldar keine bleibende Geltung erlangte. Wir haben bereits
gesehen, dass schon die Frostaþíngslög mit der Möglichkeit
rechnen mussten, dass in einzelnen Volkslanden die zur Ver-
richtung gewisser öffentlicher Functionen in erster Linie
berufenen höldar nicht in der erforderlichen Zahl vorhanden
sein könnten.[4]) Dieselbe Erscheinung kehrt auch im gemeinen Landrechte des K. Magnús wieder,[5]) und aus späterer
Zeit weiss Fritzner nur eine einzige Urkunde, und zwar aus
dem Jahre 1431, aufzuführen, in welcher ein „fuller eighw
man ok hawlder" erwähnt wird.[6]) Das norwegische Gesetzbuch K. Christians IV. erwähnt zwar noch den An-

---

1) GþL. 266 u. 270.   2) FrþL. XII, 4.   3) Landsl. Landabrb. 2.
4) siehe oben S. 189, Anm. 7.   5) siehe oben S. 203, Anm. 2.   6) Di-
plom. norveg., VIII, 286/318.

spruch des Óđalsmanns auf gefundene Schätze. und wiederholt auch die älteren Bestimmungen über das landnám des
höldr, dessen Verwendung im Allmendegerichte und dessen
Recht auf den gefundenen Wal; [1] aber an den drei zuletzt
angeführten Stellen wird der „hauldermand" wieder mit dem
„odelbonde" oder „odelsbaaren" zusammengeworfen, und einmal sogar ausdrücklich gesagt: „Haulder, det er den, som
er odels baaren", und von hier aus ist die Erklärung „Hval-
der, eller Odelsbaaren" anlässlich der zuletzt erwähnten Bestimmung auch in K. Christians V. norwegisches Gesetzbuch übergegangen. [2] Hiernach ist schwer zu sagen,
ob und wie lange die engere Begrenzung des Standes der
höldar durch K. Magnús Geltung gewann und behielt; die
angeführte Urkunde und die gleichfalls angeführten Bestimmungen der Gesetzbücher K. Christian IV. und V. könnten
ganz wohl auf ein Fallenlassen derselben und auf eine Rück-
kehr zum älteren Rechte bezogen werden, welches alle und
jede óđalsbornir menn auch als höldar hatte gelten lassen.
Jedenfalls aber zeigen diese letzteren Gesetzbücher sowohl
als Ostersön Veylle's oben angeführtes juristisches Glossar sehr
deutlich, dass man im 17. Jahrhundert Seitens der dänisch-
norwegischen Praxis sich darüber ganz und gar nicht mehr
klar war, was man unter einem höldr zu verstehen habe,
und dass man dessen Namen völlig unverstanden aus den
älteren Vorlagen in die neueren Gesetzbücher herübernahm.

Zum Schlusse bleibt noch eine zwiefache Bemerkung zu
machen übrig. Der Stand der höldar kann insoferne ein
Geburtsstand genannt werden, als es gewisse Eigenschaften
der Eltern waren, welche die Theilnahme an demselben be-
gründeten; óđalborinn oder höldborinn musste der Mann
sein, und einer höldsætt musste er angehören, wenn er die

---

1) Odelsb. 11; Landslejeb. 18, 58 u. 61.
2) Norske Lov, V, 12, 1.

Vorrechte des Standes beanspruchen wollte. Auf eine bestimmte Anzahl von Häusern war aber dieser Stand darum doch nicht für die Dauer abgeschlossen, vielmehr blieb eine Vermehrung der ursprünglich zu ihm zählenden Geschlechter stets möglich, da ja die ununterbrochene Erbfolge in absteigender Linie nach einer bestimmten Zahl von Successionsfällen den gewöhnlichen bäuerlichen Grundbesitzer zum höldr machte; sogar durch das gemeine Landrecht wurde eine derartige Erneuerung und Auffrischung des Standes nur erschwert, aber keineswegs ausgeschlossen. Andererseits beruhte aber der Stand der höldar zwar nicht weniger auch auf gewissen Grundbesitzverhältnissen; jedoch rechnete man zu den höldar nicht blos den wirklichen Besitzer von ódal, sondern auch die blosen ódalsnautar, d. h. diejenigen Mitglieder einer höldsætt, welche, ohne selbst im Besitze von ódal sich zu befinden, doch ein Folgerecht an solchem, und damit ein Vorkaufs- und Einlösungrecht in Bezug auf dasselbe besassen. Es entschied also, ganz ähnlich wie bei unserem hohen Adel, nicht der Besitzstand der einzelnen Person über deren Stand, sondern vielmehr der Besitzstand des gesammten Hauses, zu welchem die betreffende Person gehörte, und zählten somit zur Classe der höldar alle Leute, deren Haus seinen Besitzverhältnissen nach zu den höldsættir zu rechnen war.